© Copyright by Pamparam Kinderbücher. Bilder Feepik.com oder lizenziert für die kommerzielle Nutzung. Alle Rechte vorbehalten.

ICH SEHE WAS DU NICHT SIEHST UND DAS MIT DER BUCHSTABE K BEGINNT

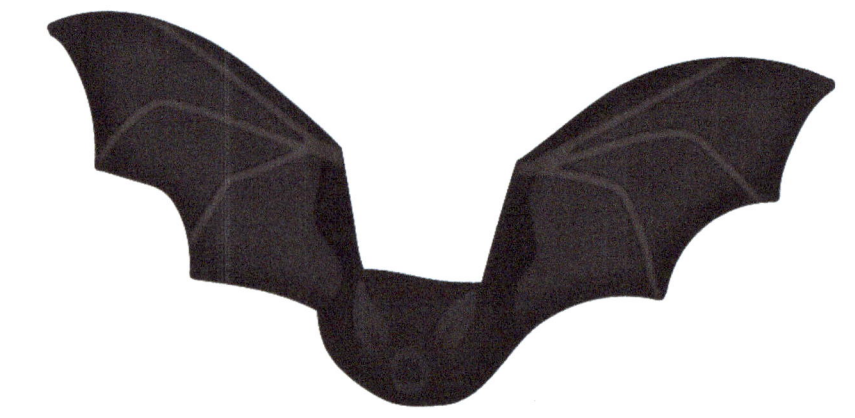

ICH SEHE WAS DU NICHT SIEHST UND DAS MIT DER BUCHSTABE R BEGINNT

R

ICH SEHE WAS DU NICHT SIEHST UND DAS MIT DER BUCHSTABE D BEGINNT

ICH SEHE WAS DU NICHT SIEHST UND DAS MIT DER BUCHSTABE M BEGINNT

ICH SEHE WAS DU NICHT SIEHST UND DAS MIT DER BUCHSTABE F BEGINNT

ICH SEHE WAS DU NICHT SIEHST UND DAS MIT DER BUCHSTABE H BEGINNT

ICH SEHE WAS DU NICHT SIEHST UND DAS MIT DER BUCHSTABE G BEGINNT

ICH SEHE WAS DU NICHT SIEHST UND DAS MIT DER BUCHSTABE M BEGINNT

ICH SEHE WAS DU NICHT SIEHST UND DAS MIT DER BUCHSTABE S BEGINNT

ICH SEHE WAS DU NICHT SIEHST UND DAS MIT DER BUCHSTABE A BEGINNT

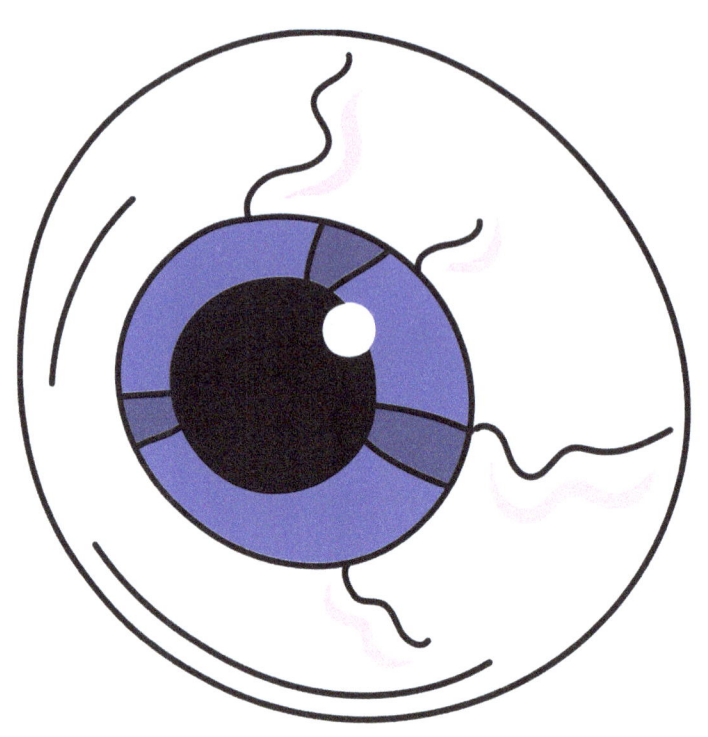

ICH SEHE WAS DU NICHT SIEHST UND DAS MIT DER BUCHSTABE L BEGINNT

ICH SEHE WAS DU NICHT SIEHST UND DAS MIT DER BUCHSTABE K BEGINNT

ICH SEHE WAS DU NICHT SIEHST UND DAS MIT DER BUCHSTABE H BEGINNT

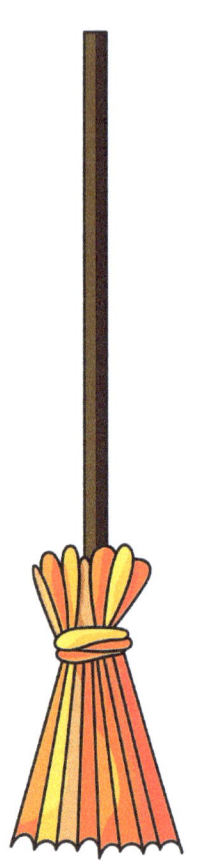

ICH SEHE WAS DU NICHT SIEHST UND DAS MIT DER BUCHSTABE E BEGINNT

ICH SEHE WAS DU NICHT SIEHST UND DAS MIT DER BUCHSTABE L BEGINNT

www.ingramcontent.com/pod-product-compliance
Lightning Source LLC
Chambersburg PA
CBHW061114070526
44583CB00027B/3297